AF314741

CHAMBRE

DES

PAIRS DE FRANCE.

~~~~~~~~~~~~~~~~~~~~~~~~

SESSION DE 1815.

Séance du samedi 27 avril 1816.

—

RAPPORT

Fait à la Chambre par M. le Comte Garnier, au nom d'une Commission spéciale * chargée de l'examen du projet de Loi relatif aux finances.

IMPRIMÉ PAR ORDRE DE LA CHAMBRE.

* Cette Commission étoit composée de MM. les Comtes Garnier et Lecouteulx de Canteleu, l'Abbé de Montesquiou, le Comte Molé, le Mal Duc de Raguse, et les Ducs de La Vauguyon et de Lévis.
~~~~~~~~~~~~~~~~~~~~~~~~

RAPPORT.

MESSIEURS,

La Commission spéciale à laquelle vous avez renvoyé l'examen du projet de Loi d'impôt qui vous a été présenté dans votre séance du 20 de ce mois, a dû nécessairement arrêter ses premières pensées sur cette question préliminaire : Quelle est, en matières d'impôt, la compétence de la Chambre des Pairs ?

Le concours à l'exercice de la puissance législative, qui, dans toutes les autres matières, vous est commun avec la Chambre des Députés des départements, est, sur ce point seulement et quant à la forme de procéder, soumis à une restriction particulière.

L'article XVII de la Charte est ainsi conçu :

« La proposition de la Loi est portée, au gré
« du Roi, à la Chambre des Pairs, ou à celle des
« Députés, excepté la Loi de l'impôt, qui doit

(4)

« être adressée d'abord à la Chambre des Dé-
« putés. »

Cette disposition est confirmée par l'article
XLVII, qui porte:

« La Chambre des Députés reçoit toutes les
« Propositions d'impôt; ce n'est qu'après que
« ces Propositions ont été admises qu'elles peu-
« vent être portées à la Chambre des Pairs. »

Il résulte de ce statut fondamental que la
Chambre des Pairs ne peut délibérer sur une
Loi d'impôt, qu'autant que le projet de Loi
réunit deux caractères : 1° la Proposition royale,
2° l'adoption de cette Proposition par la Chambre des Députés.

Mais cette restriction particulière, qui ne
concerne que la forme extérieure dans laquelle
la proposition de Loi doit vous parvenir, n'em-
pêche pas que vous n'exerciez, en matières
d'impôt, la même portion de pouvoir qui vous
est attribuée sur tous les autres objets de législation. Il vous appartient de discuter librement
toutes les diverses dispositions dont se compose
la Loi de finances, d'en développer les avanta-
ges, et d'en indiquer les inconvénients, d'en
prévoir les conséquences, et d'en pressentir les
dangers; enfin d'éclairer le Gouvernement, et
de préparer l'avenir.

(5)

Le plan de finances actuellement soumis à votre délibération est la seconde Loi de ce genre qui vous ait été portée depuis votre institution. Dans les derniers mois de 1814, il vous fut apporté par les Ministres du Roi une Proposition de budjet pour l'année 1815, adoptée par la Chambre des Députés. Aujourd'hui le budjet de 1816 vous est présenté comme réunissant l'assentiment des deux autres pouvoirs qui concourent avec vous à la formation de la Loi. C'est sous ce caractère qu'il vous est officiellement connu. Mais cependant, dans une matière aussi importante, et qui se lie sous tant de rapports aux destinées de la Monarchie, pouvez-vous être censés ignorer la marche qu'a suivie ce projet de Loi avant de vous parvenir? Pouvez-vous être étrangers à ce qui s'est passé si près de vous? et ne seroit-ce pas porter la rigueur des formes jusqu'à de vaines et dangereuses subtilités, que de faire abstraction complète de faits dont vous avez tous non seulement une connoissance personnelle, mais encore qui ont été nécessairement pour chacun de vous l'objet du plus vif intérêt et de la plus profonde méditation?

La Proposition royale pour la Loi de l'impôt a été portée le 23 décembre dernier, par les Ministres du Roi, à la Chambre des Députés.

Après quatre mois de discussions, les diverses propositions faites par les Membres de cette Chambre ont été substituées à la Proposition du Roi; et à la suite d'une longue lutte de la part des Ministres et Commissaires de Sa Majesté, chargés de soutenir la discussion, elles ont enfin obtenu l'assentiment royal.

L'article XLVII de la Charte veut que la Loi de l'impôt qui sera portée à la Chambre des Pairs soit une Proposition royale adoptée par la Chambre des Députés. Ce qu'on vous présente aujourd'hui ce sont des Propositions de la Chambre des Dé utés admises par le Roi.

Ici l'ordre constitutionnel est interverti; la marche des pouvoirs a été dans un sens complètement inverse, et dans le sens le plus opposé à la dignité de la Couronne et aux vrais intérêts du peuple. A Dieu ne plaise toutefois qu'en faisant une observation si grave et si importante par ses conséquences nous entendions jeter aucun doute sur la droiture des intentions qui animent les Députés des départements, ni sur la pureté de leur dévouement à la Monarchie. Mais, dans les premiers pas de la carrière politique, et en commençant l'exercice du pouvoir, le plus grand écueil dont on ait à se défendre, c'est l'ardeur du zèle et la passion du bien, parcequ'ils ont peine à se soumettre à ces procédés lents et mesurés, à cette sage et timide circonspection sans laquelle il ne se forme jamais d'édifice régulier ni de construction durable.

L'abus que nous vous signalons ici, et qui ne tend à rien moins qu'au renversement total du système constitutif de la Monarchie, procède uniquement d'une fausse interprétation de l'article XLVI de la Charte, dont le sens mal compris a fait croire que chaque Membre de l'Assemblée avoit le droit de provoquer, sur sa simple proposition, en la qualifiant d'amendement, une délibération législative, en sorte que cette prérogative, si textuellement, si solennellement réservée au Roi seul par l'art. XVI, *la proposition de la Loi*, s'est trouvée, par le fait, dévolue, non pas seulement à la Chambre, mais même individuellement à chacun de ceux qui la composent.

Qui pourroit cependant se faire illusion sur les dangers d'une telle forme de procéder dans l'œuvre si auguste et si importante de la législation ? La rédaction de la Loi, où chaque terme a besoin d'être pesé et mûrement réfléchi, ne peut être faite que dans le calme et le silence du cabinet; elle ne peut être bien faite que par celui même qui est chargé d'en suivre l'exécution. Le choc des discussions et la chaleur des débats font sans doute jaillir d'importantes lumières, et font éclore une foule de matériaux précieux ; mais ces matériaux mêmes ne peuvent être mis en œuvre qu'avec une lente et froide méditation. Celui qui les emploie doit avoir sous les yeux ou dans la pensée toutes les Lois déja existantes sur le même objet, et même celles qui n'y sont que relatives, pour y approprier convenablement le nouvel ouvrage qu'il s'agit d'y réunir, afin de conserver dans tout le système législatif cet ensemble et cette harmonie qui font que les diverses dispositions s'expliquent les unes par les autres, et se prêtent une lumière réciproque qui guide les magistrats et les administrateurs chargés de les exécuter. N'est-on pas effrayé d'avance à l'idée de cet amas de dispositions incohérentes et souvent contradictoires, de ce chaos de Lois indigestes et décousues qui encombreroit en peu d'années la législation françoise, si la rédaction de la Loi continuoit à être livrée au tumulte des délibérations et aux chances si hasardeuses de tous ces amendements et sous-amendements dont l'impulsion d'un premier moment décide si souvent le succès ?

Dans un Gouvernement voisin, où nous allons souvent puiser des exemples, la proposition de Loi appartient aux Chambres. Mais on sait que la Loi proposée n'y arrive jamais qu'après avoir été soigneusement méditée et élaborée dans le Conseil des Ministres, et qu'elle s'y présente en outre avec tout l'appui d'une majorité déterminée d'avance à la soutenir. Le parti de l'opposition lutte et se débat, quoique certain de succomber ; mais son opposition seule constate la liberté publique. Il est là, comme l'armée de réserve du peuple contre le Gouvernement ; et si, dans quelque grande occasion, l'intérêt national paroissoit sérieusement compromis, c'est autour de l'étendard de l'opposition qu'iroient se rallier momentanément les amis et les défenseurs du peuple, comme on l'a vu tout récemment dans une circonstance remarquable. Mais, dans le cours ordinaire et régulier des choses, la Loi proposée est toujours l'ouvrage du Ministère, et seulement son ouvrage.

Il faut donc, dans tous les systêmes, que la proposition et la rédaction de la Loi procèdent du Gouvernement ; et, lorsque le projet de Loi ne se présente pas dans l'arène de la discussion avec l'appui d'une majorité ministérielle, il faut alors qu'il arrive avec le caractère imposant que lui imprime la volonté royale officiellement manifestée.

Cette doctrine incontestable en toutes matières législatives s'applique plus particulièrement encore à la législation des finances ; et c'est cette considération qui doit justifier l'étendue avec laquelle nous nous sommes permis d'en développer les principes.

C'est sur-tout en finances que les mesures partielles dépendent essentiellement de l'ensemble ; qu'elles se coordonnent entre elles et se rattachent à un système général. C'est dans cette partie de la législation, qui se lie à toutes les branches du Gouvernement, que le législateur doit embrasser un horizon plus vaste, et lire dans l'avenir à une plus grande distance. C'est là sur-tout qu'est nécessaire la stabilité de la Loi et la permanence de ses dispositions, parceque l'organisation financière constitue la santé du corps politique et est destinée à imprimer le mouvement et la vie à tous les membres qui le composent. Cette responsabilité morale qui s'attache continuellement aux Ministres, et qui est la plus forte garantie contre leurs erreurs ou leur négligence, cette responsabilité, qui les tient constamment en état de prévention devant le tribunal de l'opinion publique pour y faire juger à-la-fois leur capacité et leur caractère, s'exerce toujours avec plus d'activité sur le Ministre chargé du département des finances, parceque son Ministère touche à tous les intérêts. Aussi n'est-il aucun Ministère qui semble appartenir davantage à la personne du Ministre. Le nom de celui-ci inspire ou repousse la confiance; il relève le crédit ou l'abaisse; c'est à son nom que s'attache la gloire ou le blâme; et l'opinion l'a toujours considéré comme l'unique auteur des biens ou des maux qui ont signalé son administration. Les maximes qui ont dirigé Sully et Colbert dans leurs opérations ont pris l'empreinte du nom de ces deux Ministres, et en ont fait comme les chefs de deux écoles différentes.

Si le plan de finances n'est pas l'ouvrage du Ministre, que deviendra cette responsabilité morale? Sur quelle tête ira-t-elle se placer? et où cette opinion publique qui a toujours besoin d'exercer sa justice ira-t-elle chercher son justiciable?

D'un autre côté, quelle espérance de gloire, quel intérêt d'amour-propre attachera le Ministre au succès d'un ouvrage qui lui est presque entièrement étranger? Condamné à exécu-

ter des mesures qu'il a désapprouvées et com-
battues, quel héroïque dévouement, quelle
abnégation surnaturelle de soi-même ne faut-il
pas lui supposer, pour qu'il concoure de tous
ses moyens à faire réussir un plan dont les ré-
sultats devront nécessairement accuser ou justifier sa résistance ?

Ces considérations d'un ordre majeur ont
déterminé la conduite de la Chambre des Députés de 1814; celle de 1815 n'en a point été
frappée.

Après ces observations générales sur les principes qui, selon nous, doivent diriger chacune
des deux Chambres législatives dans la forme
de discuter la proposition de l'impôt, observations que nous avons cru nécessaire de vous soumettre, puisque c'est la première fois, depuis
votre institution, que l'occasion s'en est offerte,
nous allons passer à l'examen du fond de la Loi,
quant à ses principales dispositions, et sans vous
entretenir de détails minutieux qui ne doivent
pas vous occuper.

Pour procéder avec méthode et éviter la
confusion des objets, nous adopterons, pour cet
examen, une division qui semble naître naturellement de la diversité des objets qui se trouvent compris dans le même texte de Loi, mais

qui, par leur nature étant parfaitement distincts les uns des autres, auroient pu faire la matière de trois Lois différentes.

Le premier de ces objets, le plus important, le plus urgent de tous, est l'établissement du budjet de 1816, c'est-à-dire, 1° l'exposé des besoins ordinaires et extraordinaires de l'année; 2° l'établissement des voies et moyens ouverts au Gouvernement pour subvenir à ces besoins.

Le second objet concerne l'acquittement de toute la dette arriérée et exigible qui existoit au 1er janvier 1816, et les moyens adoptés pour y pourvoir.

Le troisième est relatif au paiement d'une autre espèce d'arriéré; c'est le remboursement de l'emprunt de 100 millions fait et levé en vertu de l'Ordonnance du Roi, du 16 août 1815.

Chacun de ces trois objets sera traité séparément.

PREMIÈRE PARTIE.

Budjet de 1816.

Cette première partie se divise, comme nous l'avons indiqué plus haut, en deux sections,

dont la première concerne les besoins et dépenses, la seconde les moyens de recette.

§. I. *Dépenses de 1816.*

Ici se présente, dès l'abord, une question de
la plus haute importance, et qui tient aux principes fondamentaux de la Monarchie; question
absolument neuve pour la Chambre des Pairs,
à laquelle elle ne s'est point encore présentée
jusqu'à ce moment.

Lors de la présentation de la Loi de finances
de 1814, chacun des Ministres du Roi fit connoître à la Chambre des Députés le budjet particulier de son Ministère, et ne se refusa même
à aucun des éclaircissements qui lui furent de-
mandés. Mais cette Chambre pensa que des
Ministres investis de la confiance du Roi, et
toujours respectables tant que cette confiance
ne leur est point retirée, avoient apporté dans
la fixation des dépenses de leur département
toute l'économie dont pouvoit être susceptible
le service confié à leur probité et à leur vigi-
lance. Elle pensa que les Ministres seuls étoient
juges compétents de cette fixation, non seulement parceque seuls ils ont par devers eux la
somme de tous les renseignements locaux pro-

pres à déterminer les justes limites de leur dépense, mais encore parceque administrer avec
une sage et judicieuse économie est l'un des
premiers devoirs, et, par conséquent, l'une des
attributions essentielles de leur ministère. Le
pilote chargé de conduire un bâtiment est le
seul juge compétent de la position et de l'étendue qu'il doit donner à ses voiles, parceque
seul il est placé de manière à bien connoître la
force et la direction des vents et des courants
qui peuvent entraver ou retarder sa marche.

La Chambre des Députés de 1815 n'a point
adopté ce principe. Dans des rapports officiels
revêtus d'une grande autorité, puisqu'ils sont
l'ouvrage d'une nombreuse Commission, on a
publiquement discuté et contesté plusieurs des
parties du service des différents Ministères; on
a indiqué, et, en quelque sorte, prescrit un
grand nombre d'économies.

Dans cette circonstance, persuadés, comme
nous le sommes, que les Députés des départements, guidés toujours par les intentions les
plus pures et les plus louables, s'empresseroient
de reconnoître les premiers leur erreur, si elle
leur étoit démontrée, et de rentrer dans la ligne
constitutionnelle, comme nous-mêmes serions
disposés à le faire au plus léger avertissement,

s'il nous arrivoit de nous en écarter, nous avons pensé qu'il étoit du devoir de la Chambre des Pairs d'examiner et d'approfondir cette haute question : quelle est dans une Monarchie la compétence des Chambres législatives, quant à la disposition des deniers publics ? Où est posée la limite précise qui sépare leurs attributions de celles du Pouvoir exécutif dévolu exclusivement au Souverain ?

S'il est important d'éclaircir cette grande question, c'est sur-tout au moment où les pouvoirs institués par la Charte en sont encore, pour ainsi dire, à leurs premiers pas. Une Charte constitutionnelle s'établit bien moins par le texte de ses dispositions que par l'usage et par la pratique. Ce sont ses premiers mouvements qu'il importe de surveiller et de défendre de la moindre déviation ; autrement, une fois qu'elle seroit lancée dans une fausse direction, l'impulsion qu'elle communique nécessairement au corps du peuple opposeroit des obstacles insurmontables à quiconque chercheroit à la ramener dans le sens de sa destination primitive. Le poste d'honneur où sont placés les Pairs de France leur impose, pour premier devoir, l'obligation de combattre dans son principe tout ce qui tendroit à dénaturer dans notre Constitution l'esprit monarchique qui doit en former le caractère dominant.

Les finances, dans toute espèce de Gouvernement, sont le premier moyen de puissance; c'est le grand ressort dont tous les autres reçoivent leur activité. Ainsi, c'est d'après les principes de la Monarchie que doit être réglée notre organisation financière.

« Aucun impôt ne peut être établi ni perçu, « s'il n'a été consenti par les deux Chambres et « sanctionné par le Roi. »

Telle est la disposition de l'article XLVIII de la Charte.

Mais, de ce que l'impôt doit être consenti par les Chambres, s'ensuit-il qu'elles aient le droit d'examiner, de contrôler, de régler l'emploi des deniers publics ?

C'est ce que nous sommes bien loin de croire; et l'opinion contraire à la nôtre nous paroît une des erreurs les plus funestes qui puisse s'introduire daas la marche de notre constitution.

Que cette erreur se présente naturellement à un grand nombre d'esprits, nous ne devons pas nous en étonner. La plupart des hommes forment leurs jugements par analogie, en se rapportant toujours aux cas qui offrent le plus de

2

points de similitude. Il faut une opération plus longue et plus laborieuse du raisonnement, il faut méditer et approfondir la question, pour reconnoître en quoi diffèrent les cas qui ont entre eux une apparence d'analogie, et pour se convaincre que les mêmes principes ne leur sont pas applicables.

En thèse générale, tout administrateur doit un compte des deniers dont la gestion lui a été confiée, et il doit ce compte à ceux de qui il les a reçus. C'est, à ce qu'il semble, la condition nécessaire sous laquelle il a pu en disposer ; et cette condition, ne fût-elle pas exprimée, est toujours censée implicitement convenue. Il n'existe pas une administration publique ou particulière près de laquelle ne soit placée une autorité surveillante, ayant droit de contrôler les dépenses, et de s'assurer si elles ont été faites conformément à leur destination.

Mais, appliquer cette règle générale à l'Administrateur souverain, au Chef suprême du Gouvernement monarchique, voilà où est l'erreur que nous nous proposons de détruire.

Un tel système seroit contraire aux principes de toute Monarchie, à l'esprit et au texte même de la Charte constitutionnelle.

Il seroit en opposition directe aux vrais inté-rêts du peuple.

Il seroit impraticable dans son exécution.

Premièrement, ce systême est tellement in-compatible avec toute idée monarchique, qu'il entraîneroit inévitablement la subversion de la Monarchie. Si, parmi les caractères distinctifs qui différencient la République de la Monar-chie, nous voulions chercher celui qui les ren-ferme tous, nous n'hésiterions pas à dire qu'il se trouve dans la manière de disposer et de compter des deniers publics sous l'une et l'au-tre de ces deux formes de Gouvernement.

Dans les Républiques anciennes et modernes, on voit que le chef du Gouvernement, sous quel-que titre qu'il ait exercé le pouvoir, est tenu de rendre compte de l'emploi des fonds publics à une assemblée qui représente le corps du peu-ple, parceque, dans cette forme de Gouverne-ment, le peuple ne s'est point dessaisi de la sou-veraineté; que les Consuls ou Présidents de ces Républiques ne sont considérés que comme ses mandataires, et qu'il a toujours entendu con-server le droit de juger leur administration.

Dans la Monarchie, toute la puissance exé-cutive, sans dépendance et sans partage, est exclusivement et irrévocablement dévolüe au Souverain héréditaire. Tout ce qui constitue l'action du Gouvernement part de son trône, et ne peut remonter qu'à son trône, qui, dans le degré d'élévation qu'il occupe, n'est dominé que par le ciel.

L'expérience des siècles et la sagesse des temps ayant appris aux nations que, sous les formes populaires, la liberté n'étoit qu'un vain fantôme que les ambitieux les plus habiles faisoient mouvoir à leur gré, et que le peuple étoit toujours le jouet et la victime des passions de ceux qui semblent tenir de lui le pouvoir, la Monarchie héréditaire et constitutionnelle s'est établie dans l'Europe civilisée, comme la plus noble et la plus sage de toutes les institutions humaines. Elevé au plus haut degré d'honneur et de puissance, placé hors de la sphère de toutes les ambitions et de tous les intérêts privés, le Monarque, dans son existence politique, ne peut plus être atteint que par une seule passion, celle du bonheur de ses peuples et de la prospérité de son Royaume. Comme Pouvoir exécutif, il ne reconnoît sur la terre aucune autorité surveillante; aucune, si ce n'est toutefois l'opinion publique. Mais cette opinion n'est point une autorité agissante; elle n'est pour lui qu'un miroir fidèle qui réfléchit à ses yeux le bien et le mal de son administration, miroir impartial et véridique qu'il doit consulter sans cesse, malgré tous les efforts de ceux qui se pressent autour de lui pour en ternir la surface.

Tel est le Monarque considéré comme chef du Gouvernement. Il dispose des deniers publics, comme de tous les autres ressorts dont se compose la force exécutive. Celui qui oseroit lui demander compte de l'emploi de ces deniers pourroit tout aussi bien lui demander compte de l'emploi de ses armées et de sa marine, compte de ses actes d'administration intérieure, compte des ressorts cachés de sa police, compte du secret de ses négociations avec l'étranger. Tout service public est lié à une dépense; toute dépense publique est le résultat d'un service. Le compte des dépenses et des services est un seul et même compte. Le Monarque qui compteroit de l'emploi des deniers publics cesseroit d'être Monarque; il ne seroit plus qu'un administrateur comptable de sa gestion, comme le chef d'une République.

Quelques personnes se font illusion en séparant, à cet égard, la personne des Ministres de la personne du Roi. Mais, ici, cette distinction n'est qu'une vaine subtilité qui ne change rien à l'état de la question.

Le Roi, considéré comme pouvoir politique, est un être mystérieux et invisible qui ne communique avec les autres pouvoirs constitués et avec le corps du peuple que par l'intermédiaire indispensable de ses Ministres. Ces Ministres exercent, au nom du Roi, toute l'autorité dont il est revêtu. Leur contester ce caractère, c'est anéantir le Pouvoir royal, ou au moins en paralyser l'exercice. Car, le Roi ne pouvant agir ni parler que par l'organe de ses Ministres, ce seroit lui ôter l'action et la parole que de ne pas reconnoître comme émané de lui ce qui est fait ou dit en son nom par ses Ministres. Ils sont inséparables de la personne du Roi dans les actes de leur ministère.

Il n'y a qu'une accusation de félonie qui puisse séparer la personne individuelle du Ministre de sa capacité ministérielle. Le Ministre accusé d'avoir trahi la confiance de son maître, d'avoir servi les ennemis de l'État et du Roi, d'avoir appliqué à sa propre fortune les deniers remis à sa disposition, accusé même de cette grande négligence que les Lois appellent *culpæ proxima*, est un homme dans lequel le peuple ne veut plus reconnoître l'organe du Pouvoir souverain. Ce n'est plus comme Ministre du Roi qu'on l'attaque, c'est comme l'ayant été et ayant mérité de perdre ce respectable caractère. Il est considéré comme un bras gangrené et flétri qui ne peut plus servir à l'action de la puissance publique, et dont la nation sollicite le retranchement.

Jusque-là, et tant qu'il n'a pas été posé de faits capables de fonder une accusation, les Ministres ne sont comptables qu'au Roi seul des ordres qu'ils ont reçus de lui : c'est à lui seul qu'ils sont comptables, même des erreurs qu'ils auroient pu commettre. Car, dans une vaste et importante administration dont les actes sont si multipliés et souvent si urgents, on ne peut opérer quelque bien qu'autant qu'on peut aussi faire impunément quelque méprise. Comment risquer de grandes tentatives, comment hasarder jamais des mesures promptes et énergiques, si l'on est toujours responsable du succès ? Turenne disoit souvent que, dans sa carrière militaire, il avoit commis beaucoup de fautes ; mais, s'il n'avoit pas eu le pouvoir de commettre impunément ces fautes, il n'auroit pas eu non plus le pouvoir d'acquérir tant de gloire à sa patrie, et de la rendre si redoutable au dehors.

Si les Ministres étoient comptables envers les Chambres législatives d'aucune des parties de leur administration, ils ne seroient plus les Ministres du Roi; ils seroient les Ministres des Chambres, et ce seroit véritablement dans les Chambres que résideroit le pouvoir souverain. La prétention souvent manifestée dans le sein des Chambres électives d'exercer une sorte d'autorité sur les Ministres du Roi ne peut être regardée que comme l'un des rameaux de cette funeste doctrine de la souveraineté active du peuple: doctrine éminemment anarchique, qui a enfanté tant de calamités et tant de crimes, qui a ébranlé tous les Trônes de l'Europe, et, pendant vingt ans, jeté l'épouvante parmi les nations; doctrine d'autant plus dangereuse qu'elle se montre toujours sous un masque de popularité, et dans une sorte d'attitude libérale qui en impose à la bonne foi, et lui fait trouver des sectateurs parmi les hommes dont les sentimens sont le plus irréprochables.

Pour se convaincre que cette doctrine que nous combattons n'est autre chose qu'une dangereuse innovation, et que les principes contraires, tels que nous les avons exposés, ont été constamment reconnus et suivis dans la Monarchie françoise, il ne faut que consulter notre histoire.

Si vous parcourez les monuments de notre législation publique à travers tant d'événements et de révolutions, tant de règnes successifs, dont quelques uns ont été signalés par les plus fortes convulsions, vous retrouvez toujours un principe dominant qui survit à tous les changements, à toutes les destructions, comme une base fondamentale si profondément assise qu'elle subsiste après toutes les ruines, et soutient encore les nouvelles constructions de l'édifice.

La puissance exécutive reste constamment dévolue à nos Rois, sans dépendance et sans partage, tandis que non moins constamment le peuple retient un droit de concours plus ou moins direct dans l'exercice de la puissance législative. Les États-Généraux du Royaume, qui avoient succédé aux Assemblées nationales des premiers âges de la Monarchie, sont convoqués pour recevoir et consentir les Ordonnances les plus importantes et les plus solennelles.

Mais, de toutes les parties de la puissance législative, celle que le peuple exerce de la ma-

nière la plus marquée et le moins souvent in-
terrompue, c'est le consentement à l'impôt. Les
aides, les gabelles, la taille, tout ce qui formoit
encore, à cette fameuse époque de 1789, les
principales sources du revenu public, n'a été
établi qu'avec le consentement des peuples; ou,
du moins, la nécessité de ce consentement a
toujours été expressément reconnue par le Monarque. C'est en 1360, après l'assemblée des
États-Généraux de la nation, que les aides sont
accordées au Roi Jean par la plus grande partie des provinces de France; et c'est parceque
certaines provinces refusent de se soumettre à
cet impôt que celles-ci sont, quant au régime
des aides, *réputées étrangères,* distinction qui
a subsisté dans notre organisation financière
jusqu'à nos jours. Peu d'années avant, Charles V, qui n'étoit encore que Dauphin et Régent
du Royaume, avoit convoqué les divers États
de cette partie de la France connue sous le nom
de *Langue d'oc,* pour leur demander l'établissement de la gabelle. Lorsque Charles VII, en
1444, créa la première armée permanente, il
établit en même temps la perception annuelle
de la taille, qui jusque-là n'avoit été qu'une
taxe momentanée, spécialement destinée à l'entretien des gens de guerre; et ce nouvel impôt

fut reçu du peuple avec reconnoissance, parceque le Roi lui promit qu'il seroit à l'avenir exempt de cette charge si incommode et si ruineuse que la taille avoit pour objet de remplacer. Quand Louis XIV, en 1710, imposa le dixième sur les revenus territoriaux, première origine de notre contribution foncière, ce Prince, malgré les besoins si impérieux du moment, malgré le long exercice d'un pouvoir absolu, hésita long-temps à porter son Édit, doutant qu'il eût le droit d'imposer à ses peuples, sans leur consentement, cette charge nouvelle et inusitée. Mais alors les États-Généraux n'ayant pas été réunis depuis un siècle, et étant, en quelque sorte, tombés en désuétude, on redouta les conséquences d'une convocation dont la nation avoit perdu l'habitude et presque le souvenir. Les Parlements, auxquels le nom de *Cour des Pairs* pouvoit donner l'apparence d'un corps politique, se considérèrent comme autorisés à exercer, au moins provisoirement, le pouvoir dont avoient joui les États-Généraux, et plusieurs fois on les vit refuser l'impôt dont la Loi étoit présentée à leur enregistrement.

Mais, si le droit d'accorder ou de refuser l'impôt paroît avoir été toujours réservé au peuple, on ne trouve nulle part la moindre trace, le plus léger indice qui annonce la prétention d'examiner, de contrôler, ou de régler l'emploi des deniers publics.

Lorsque nos Rois demandoient aux États la levée d'une taxe nouvelle et extraordinaire, cette demande étoit sommairement motivée sur quelque circonstance bien connue du peuple; telle que la rançon à fournir pour un Roi prisonnier, une guerre dispendieuse à soutenir, ou de grandes dettes à acquitter. Le consentement à l'impôt emportoit nécessairement la libre disposition de son produit; et cette partie de l'administration publique, comme tous les autres actes de Gouvernement, étoit abandonnée à la haute sagesse du Monarque, sans autre garantie que la confiance jurée au Souverain héréditaire. Cette opinion étoit tellement imprimée dans les esprits, que, lorsqu'en 1781 un Ministre du Roi osa le premier rendre public le compte détaillé des recettes et dépenses du Gouvernement, cet acte parut assez généralement une atteinte portée à l'Autorité royale; ce qui sans doute étoit pousser le scrupule au-delà des bornes raisonnables, puisque la publicité des comptes de finances, sans compromettre en aucune manière l'autorité du Roi, ne peut que fortifier la confiance du peuple, et ajouter à sa sécurité, et que ce moyen sera toujours un des ressorts les plus actifs et les plus solides du crédit public.

Et qu'on ne se figure pas que les Ministres chargés de la disposition des deniers publics aient pu dans aucun temps abuser impunément de ce pouvoir, parcequ'ils n'en étoient pas comptables envers des délégués populaires. Nos Rois ont bien su faire une justice sévère des Ministres infidèles et prévaricateurs; et, sans remonter au-delà du quatorzième siècle, on trouve, depuis Enguerrand de Marigny jusqu'à Fouquet, plus de vingt surintendants des finances ou de trésoriers de l'épargne, recherchés pour leur gestion, et, dans ce nombre, la moitié au moins d'entre eux payant de leur tête les dilapidations ou les concussions dont ils étoient accusés.

Lorsqu'en 1661 la charge de surintendant des finances fut supprimée, le Roi s'en réserva les attributions, qu'il exerça toujours depuis dans un Conseil de finances composé de magistrats profondément versés dans les matières d'administration et de comptabilité publique. Tous les ans on arrêtoit dans ce Conseil, sous le nom d'*Etats du Roi*, des rôles où étoient énumérées en détail toutes les charges dont le paiement étoit assigné sur les diverses espèces de revenus. Ces *Etats du Roi* réunis formoient le budjet de l'année, et comprenoient la totalité des crédits ouverts aux différents ordonnateurs en chef des dépenses. Lorsque l'exercice étoit terminé, les agents généraux des divers services présentoient à ce même Conseil royal, sous le nom d'*Etats au vrai*, les comptes détaillés des recettes faites, et des dépenses effectuées pendant l'exercice; et ces *Etats au vrai*, d'après les Edits et Règlements de 1669 et de 1717, ne pouvoient être portés aux Chambres des comptes qu'après avoir été vérifiés et arrêtés au Conseil du Roi.

Tels étoient les principes sur lesquels fut réglée en France l'administration des deniers publics jusqu'à l'époque où d'épouvantables convulsions renversèrent la Monarchie.

La Charte constitutionnelle, en rétablissant cette antique Monarchie sur de nouvelles bases, quant aux formes de procéder à la législation, n'a apporté aucun changement à ce qui concerne la puissance exécutive. Tout ce que le Roi n'a pas concédé par cette Charte est resté inhérent à son autorité, et lui appartient au même titre que le possédoient ses augustes ancêtres.

Si la Charte étoit muette à cet égard, les an-

ciennes Constitutions françoises seules pourroient suppléer à son silence; mais elle con-
tient les dispositions les plus précises sur ce
point.

« Au Roi seul appartient la puissance exécu-
« tive », dit l'article XIII.

Or, non seulement la libre administration
des finances est une des branches du pouvoir
exécutif, mais même, comme nous l'avons démontré plus haut, sans cette libre administration, on ne peut concevoir de puissance exécutive.

Les Chambres n'ont aucun autre pouvoir
qu'un concours à la formation de la Loi; elles
ont le droit de consentir ou de refuser l'impôt,
parceque l'impôt ne peut être établi que par
une Loi. Telles sont les limites posées par
cette même Charte dont ces Chambres tiennent
toute leur existence. Elles ne peuvent y rien
changer, sans protester contre le titre même de
leur création. Un pas fait au-delà des limites
tracées, une tentative faite pour les franchir, est
un acte d'usurpation, une atteinte coupable à
l'autorité du Roi.

Dans tous les temps on a vu les Chambres
législatives chercher à étendre le domaine de
la Loi, et à faire entrer dans sa compétence

des objets qui tiennent essentiellement à la puissance exécutive. Ainsi l'Assemblée élue en 1789 parvint à régler, par une Loi, les formes dans lesquelles seroient nommés les agents du pouvoir exécutif chargés d'administrer les départements. Par ce moyen, elle ôta des mains du Roi les instruments nécessaires de son administration. Dès ce moment, la Monarchie n'exista plus que de nom ; et la république étoit déja fondée, quoiqu'elle ne fût décrétée que deux ans plus tard.

Les bornes qui séparent le domaine de la Loi de celui de la puissance exécutive ne sont cependant pas difficiles à établir. La Loi a un caractère qui lui est propre , et qui ne permet pas de la confondre avec de simples actes de Gouvernement. C'est elle, elle seule qui règle le sort des sujets et de leurs propriétés, qui détermine sous quelles conditions les individus peuvent jouir des droits naturels que leur garantit l'état social. Quant aux propriétés publiques, quoiqu'elles soient toutes placées sous l'administration du Roi, cependant celles qui forment le domaine de l'État, ou le patrimoine de la Couronne, ne peuvent être aliénées que par une Loi, parceque le revenu ou la jouissance de ces biens seulement est à la disposition du Gouvernement, tandis que le fonds est grevé d'une substitution perpétuelle inhérente au Trône héréditaire.

Ainsi, dans les matières de finances, le consentement à l'impôt et à l'aliénation des propriétés publiques est le seul que les Chambres législatives soient appelées à donner ou à refuser.

Ici, sur-tout, l'on peut observer combien les principes constitutifs de la Monarchie s'accordent avec les véritables intérêts du peuple. C'est principalement l'administration des finances qui exige de la constance et de l'uniformité dans sa marche, de la précision et de la régularité dans ses formes, de la stabilité dans ses principes, et de la célérité dans ses mesures. Et tous ces bienfaits, on ne peut les attendre que de l'indépendance du pouvoir exécutif, telle qu'elle doit exister dans le Gouvernement royal. Des assemblées nombreuses où tant de volontés contraires sont en présence, où se heurtent tant d'opinions diverses, où se glissent tant d'intérêts locaux qui se montrent, tant d'intérêts privés qui se masquent, où règnent tant de passions individuelles, où enfin tant de décisions s'enlèvent par l'impulsion du moment, de telles assemblées ne pourroient influer d'une manière active sur la direction et l'emploi des deniers publics, sans jeter dans toutes les parties du service une confusion et une incertitude qui finiroit par amener une dissolution générale.

Les dangers qui rendent une telle forme de procéder absolument impraticable seront encore bien plus grands et plus sensibles dans une constitution où la puissance législative est exercée par deux Chambres qui délibèrent séparément, et dont aucune ne peut prétendre sur l'autre une supériorité de pouvoir. Supposer que ces deux Chambres puissent successivement tomber d'accord sur la totalité d'une série de dispositions si diverses, si multipliées, relatives aux nombreux services dont se compose chaque Ministère, ce seroit admettre une des combinaisons les plus invraisemblables que les chances du hasard puissent jamais produire.

Il est donc démontré que toute discussion législative sur l'emploi des deniers publics seroit une infraction aux principes essentiels de la Monarchie maintenus et confirmés par la Charte ; qu'elle introduiroit, dans l'organisation des finances, tous les abus et tous les désordres qui sont le plus contraires aux vrais intérêts du peuple ; et enfin qu'une telle forme de procéder seroit absolument impraticable, et d'une exécution évidemment impossible.

Au reste, depuis plus de trente années, les finances de la France ne sont plus, comme autrefois, enveloppées dans une mystérieuse obscurité. Depuis cette époque, il a été publié, presque tous les ans, un compte détaillé des dépenses et recettes de l'Etat. Personne ne peut ignorer aujourd'hui à quoi se monte la dépense annuelle de chaque Ministère.

Pour nous, Messieurs, appelés par devoir à la confection de la Loi qui fixe, pour chaque exercice, la balance des dépenses et des recettes, nous devons naturellement puiser nos informations officielles dans le budjet adopté par nous pour la précédente année. Il a donc semblé à votre Commission que le moyen le plus simple et le plus régulier pour vous mettre à portée d'apprécier le montant des dépenses qu'on vous propose d'autoriser, c'étoit de les rapprocher de celles que vous avez autorisées pour l'année 1815, et de comparer entre eux ces deux états successifs de la dépense publique. Il lui a paru raisonnable d'établir ici une division entre les dépenses ordinaires et permanentes, et les dépenses extraordinaires qu'on ne peut considérer que comme des charges accidentelles et passagères. Nous ne vous présenterons point l'état détaillé de ces différentes dépenses, puisqu'il se trouve exposé dans des tableaux annexés au projet de Loi qui vous a été distribué; mais nous vous offrirons, dans trois tableaux successifs, des rapprochements qui n'ont point été faits, et qui peuvent vous fournir matière à quelques utiles réflexions.

Le premier de ces tableaux présente le montant des économies opérées, pour 1816, sur les dépenses ordinaires que vous avez votées pour 1815.

Le second présente le montant des augmentations faites pour cette même année 1816 aux charges ordinaires qui existoient en 1815.

Le troisième mettra sous vos yeux le montant des augmentations de dépenses, tant ordinaires qu'extraordinaires, qu'a subies la Proposition du Roi depuis qu'elle a été portée à la Chambre des Députés, le 23 décembre dernier.

Nous avons négligé les fractions peu importantes qui ne feroient que fatiguer votre attention, sans aucune utilité, puisqu'il s'agit seulement de vous donner des aperçus certains et précis, et non pas des calculs d'une exactitude rigoureuse.

Les dépenses ordinaires pour 1815 montoient en totalité à 547,700,000 fr.

Celles de 1816, montent à 548,250,000 fr.; ce qui ne présente qu'une différence en plus de 550,000 fr.

Mais ces deux états de dépense se composent d'éléments très différents.

Les diverses économies opérées sur les dépenses des Ministères et autres charges annuelles présentoient une amélioration de 55,500,000 fr.

Ces économies se trouvent plus qu'absorbées par de nouvelles charges ordinaires et permanentes montant à 56,120,000 f.

C'est ce qui résulte des deux tableaux ci-après.

PREMIER TABLEAU.

Economies opérées sur les dépenses ordinaires qui existoient en 1815.

Les dépenses du Ministère de la justice, portées pour 20 millions au budjet de 1815, sont réduites à 17 millions dans le budjet de 1816, ce qui présente une économie de   3,000,000 f.

Celles du Ministère des affaires étrangères, qui étoient à 9,500,000 f., ont été (sauf l'augmentation résultante de la Loi du 28 mars dernier) portées à 6,500,000 f. Economie de   3,000,000

Celles du Ministère de l'intérieur, allouées, en 1815, pour 85 millions, ont été réduites, pour les mêmes services, un peu au-dessous de 70 millions. Économie de   15,000,000

Celles du Ministère de la guerre, qui avoient été fixées à 200 millions, ne figurent dans le budjet de 1816 que pour 180 millions. Économie de   20,000,000

Celles du Ministère de la marine, y compris le service de la caisse des Invalides de la marine, portées pour 51 millions au dernier budjet, ne sont comprises dans celui-ci que pour 48 millions. Économie de   3,000,000
____

44,000,000

(39)

Ci-contre,   44,000,000 f.

Celles du département des finances, qui se montoient à 23 millions, ont été réduites à 16 millions. Économie de   7,000,000

Les dépenses de la Chambre des Pairs, dont le service est fait sur le revenu de l'ancienne dotation du Sénat réunie et incorporée au domaine de la Couronne par l'Ordonnance du Roi du 4 juin 1814, ont été réduites de   2,000,000

Enfin, celles de la Chambre des Députés ont été réduites de   2,500,000

Total des économies opérées en 1816 sur les dépenses ordinaires   55,500,000

En applaudissant aux vues d'économie qui ont dicté ces divers retranchements, votre Commission ne peut s'empêcher de vous dire qu'elle n'a pas vu sans regret la disposition qui tend à supprimer une portion des traitements attribués à des savants et à des gens de lettres, lorsque plusieurs emplois sont réunis sur la même tête. La modicité de chacun de ces traitements ne procédant que de la nature du service auquel ils sont attachés et du peu de temps qu'il exige, ce n'est que par la cumulation de ces sortes d'emplois que des hommes distingués dans les sciences et dans les lettres ont pu se former une existence un peu honorable, telle qu'il convient de la leur offrir dans un pays qui est redevable à leurs travaux et à leurs études d'une partie importante de son illustration.

DEUXIÈME TABLEAU.

Augmentations survenues dans les dépenses ordinaires pour 1816.

La dette publique qui fut portée pour 100 millions au précédent budjet, dont 63,300,000 f. pour rentes perpétuelles, et le surplus pour rentes viagères et pensions, présente, dans le budjet de 1816, en ne comptant seulement que la portion d'arrérages qui est présumée devoir être acquittée sur les fonds de l'exercice courant, un accroissement de dépense de. 25,500,000 fr.

La dépense relative au mariage de S. A. R. Monseigneur le Duc de Berry, fixée par la Loi du 28

Ci-contre, 25,500,000 f.

mars dernier, à un million an-
nuel pour augmentation d'apa-
nage, et à un million 500 mille fr,
mis à la disposition du Ministre
des affaires étrangères. 2,500,000

Un supplément au traitement
des ministres de la religion catho-
lique, dont les fonds sont faits au
Ministre de l'intérieur. 5,000,000

Les frais de négociation don-
nent lieu, pour cette année, à un
accroissement de dépense de. . . 2,000,000

Le service des intérêts des obligations créées par la Loi du 23
septembre 1814, pour ce qui en
a été délivré jusqu'à ce jour exige
une dépense de 1,120,000

Enfin, la création d'une caisse
d'amortissement, pour laquelle il
est fait une dotation de 20 mil-
lions, ci. 20,000,000

Total des augmentations à
l'état des charges ordinaires pour
1816. . . . . 56,120,000 fr,

Sur tous ces divers articles d'augmentation

de dépense, le seul sur lequel nous croyons devoir vous soumettre quelques observations est celui qui est relatif à la création d'une caisse d'amortissement.

Ici se présente, en effet, une réflexion qui concourt à rendre encore plus sensible une vérité que nous avons établie plus haut; c'est que, dans un système de finances, toutes les parties dont il se compose sont tellement liées, les unes aux autres, qu'on n'en peut souvent distraire ou modifier une, sans altérer ou dénaturer toutes les autres. Un seul changement peut avoir l'effet de détruire tout l'avantage que les meilleures et les plus sages dispositions paroissoient offrir.

En effet, l'opération dont nous aurons l'honneur de vous entretenir dans la seconde partie de ce Rapport, et qui consiste à imposer aux créanciers de l'arriéré la condition à-peu-près inévitable pour eux de convertir leur capital en inscriptions de rentes à 5 pour 100, est une circonstance qui donne à la création simultanée d'une caisse d'amortissement un caractère essentiellement différent de celui que doit avoir un pareil établissement, tel que les Ministres du Roi avoient eu l'intention de lui donner, quand ils en ont proposé la création.

Une caisse d'amortissement n'est autre chose qu'un fonds mis en réserve par le Gouvernement pour pouvoir racheter ses propres effets au meilleur marché possible. Dans l'état ordinaire des choses, et quand les effets publics sont depuis long-temps l'objet d'un commerce librement ouvert à tous les acheteurs, et quand la plupart des vendeurs de ce genre de marchandises sont censés les avoir achetés au cours du moment, le Gouvernement, qui se présente aussi sur la place parmi les acheteurs, fait dans ce cas une opération qui n'a rien de contraire aux règles de la justice; et les profits qu'il retire de ces rachats ne peuvent être considérés comme illégitimes. Mais si ce même Gouvernement, par une autre opération du moment, met ses propres créanciers dans la nécessité de recevoir au pair des effets qui éprouvent une perte énorme sur la place, et qu'il se ménage, d'un autre côté, les moyens de racheter au cours ce qu'il vient lui-même de livrer au pair peu de jours auparavant, alors les marchés qu'il fait ne semblent-ils pas tenir de la nature de ce contrat illicite, désapprouvé par les Lois de l'État et par celles de l'Église, et qui consise à racheter à bas prix la marchandise dont on a été soi-même le vendeur?

Une disposition particulière, relative à la création de cette caisse, lui confie la garde des consignations judiciaires. Sans arrêter son opinion sur cet objet qui ne paroît pas avoir été discuté, votre Commission a cependant cru qu'il seroit à propos d'examiner, lors de la discussion de la Loi de finances pour 1817, s'il est convenable de confondre avec les deniers publics des fonds qui constituent des propriétés privées, et s'il ne seroit pas plus conforme aux principes de rétablir près de chaque Cour les officiers de justice, qui autrefois étoient les gardiens de ces sortes de dépôts, et qui se trouvoient ainsi placés sous les ordres et la surveillance immédiate du tribunal, et plus à la portée des justiciables.

Pour terminer ce qui concerne les dépenses de 1816, nous vous offrirons, dans un troisième tableau, l'état des augmentations de dépenses survenues depuis la présentation de la Loi des Ministres du Roi.

L'état des dépenses ordinaires et extraordinaires, tel qu'il étoit porté dans ce projet de Loi, et qui vous a été distribué à cette époque, se montoit à 800 millions, en y comprenant un supplément de 4 millions et demi, pour dépenses imprévues, ce qui réduisoit la proposition effective à 795,500,000 fr.

Le budjet total qui vous est présenté maintenant s'élève à 839 millions, ce qui offre une augmentation d'environ 44 millions. Il est nécessaire que vous ayiez sous les yeux l'état des articles qui composent cette augmentation de dépense.

TROISIEME TABLEAU.

Augmentation de dépenses survenues depuis la présentation du budjet par les Ministres.

La dette publique, portée pour 115 millions dans le budjet des Ministres du Roi, est portée, dans le budjet actuel, pour 125,500,000 fr., ce qui produit une augmentation de 10,500,000 fr.

Les deux articles votés par les Chambres, et qui font l'objet de la Loi du 28 mars dernier   2,500,000

Le supplément de traitement pour les Ministres de la religion   5,000,000

L'addition faite à la dotation de la caisse d'amortissement, pour laquelle les Ministres

                                        18,000,000

D'autre part, 18,000,000 f.

avoient seulement proposé 14 millions 6,000,000

La moitié du rembousement des 20 millions avancés par quelques départements pour fournitures aux troupes alliées, et pour lequel il avoit été fait d'autres fonds dans la proposition des Ministres 10,000,000

Enfin, une somme de 10 millions appliquée à des secours et indemnités aux départements qui ont le plus souffert dans les désastres de l'année dernière, objet pour lequel les Ministres du Roi avoient pourvu par d'autres mesures. 10,000,000

Total 44,000,000

§. II. *Recettes de* 1816.

Vous avez vu, Messieurs, que la totalité du service, tant ordinaire qu'extraordinaire de l'exercice de 1816, présente une dépense de 839 millions. Les recettes de l'année 1815 avoient été portées à 618 millions, qui laissoient sur la dépense de cette même année un excédant disponible de 70 millions 300 mille francs.

Non seulement cet excédant se trouve aujourd'hui totalement absorbé, mais il faut encore, pour atteindre à la dépense, indiquer un supplément de ressources de 220 millions 700 mille francs.

Pour suivre la méthode que nous avons adoptée, à l'égard des dépenses, et ne vous entretenir que des changements opérés dans les recettes fixées par vous en 1814, nous mettrons sous vos yeux un tableau des différentes augmentations dans les anciens produits, et des objets nouveaux de recette qui sont proposés pour fournir ce supplément de 220 millions 700 mille francs. Toutefois nous croyons inutile de diviser ici les recettes ordinaires et extraordinaires, attendu qu'une grande partie des ressources proposées est de nature à ne pouvoir se renouveler dans les années subséquentes, tandis que les charges extraordinaires resteront encore les mêmes, et qu'ainsi il faudra, dès l'année 1817, s'occuper des moyens de suppléer aux ressources qui auront disparu.

Tableau des ressources proposées pour fournir les 220 millions 700 mille francs de dépenses qui excèdent les recettes de 1815.

Il n'a été proposé aucune augmentation sur la contribution foncière ; mais le fonds de non-valeur des quatre contributions directes qui avoit été réglé dans les précédents budjets à environ 3 pour 100, étant réduit dans celui-ci à 2 pour 100, cette différence présente un surplus de recette pour le Trésor de   3,380,000 f.

Les droits de timbre et enregistrement, évalués à 108 millions dans le dernier budjet, sont portés dans celui-ci, au moyen de nouveaux droits et augmentations de tarif, à un produit présumé de 140 millions. Augmentation de   32,000,000

Le revenu des bois est porté pour un surplus de produit de   8,000,000

Le produit des droits sur les boissons et autres contributions indirectes de la même régie, est élevé en surplus à   7,350,000

                                 59,730,000

(49)

Ci-contre,   5o,73o,ooo f.

Celui de la vente exclusive des tabacs est ici estimé pour un surplus de   8,000,000

Le revenu des douanes présente une augmentation de   15,000,000

Les recettes diverses comprenant les loteries, les postes, les salines de l'Est, etc. sont portées en surplus à   1,000,000

Un doublement du droit de patentes, et une addition de centimes sur les contributions personnelle et mobilière, et des portes et fenêtres, est présumé devoir produire   24,280,000

Un supplément de cautionnement exigé des comptables et de divers officiers ministériels est évalué à   5o,ooo,ooo

Le recrouvrement du prix des biens des communes, des bois vendus en exécution de la Loi du 23 septembre 1814, et des décomptes des domaines nationaux, est porté pour

____
149,010,000
4

D'autre part,	149,010,000 f.
une recette de	43,900,000
Les retenues sur les traitemens sont portées pour	13,000,000
L'abandon fait par le Roi sur sa liste civile,	10,000,000
Total des nouveaux moyens de recettes,	215,910,000

Et, comme il manquoit 5 millions pour former la balance, il a été porté une somme pareille à titre de prélèvement sur le produit des 6 millions de rente à 5 pour 100, mis à la disposition du Gouvernement pour dépenses imprévues,

$$5,000,000$$

Total, 220,910,000

Dans cette énumération de ressources votre première pensée, Messieurs, s'arrête sur ce généreux abandon de Sa Majesté, qui, la première, a voulu donner à ses peuples l'exemple des sacrifices. Une disposition particulière porte que les 10 millions donnés par le Roi seront spécialement appliqués aux secours et indemnités à fournir aux pays sur lesquels notre dernière catastrophe a attiré de plus grands désastres.

Nous ne pouvons trop applaudir à la disposition qui règle cette application spéciale. Chacun connoît l'emploi que le Roi aime le plus à faire du fonds de sa liste civile ; et quand son cœur paternel le porte à verser dans le Trésor public une si forte portion de son Trésor particulier, il est juste que des fonds consacrés à la bienfaisance retournent à leur pieuse destination. Il est bon que l'indemnité reçue par les sujets s'unisse à l'idée des privations que le Monarque s'impose, afin de fortifier de plus en plus leur amour par de nouveaux liens de reconnoissance. La Chambre des Pairs, qui a toujours partagé les sentiments qui animent les Députés des départements, se trouve ici unie avec eux de sentiment et d'opinion ; et lorsque, sous le rapport de l'opinion, elle diffère de l'autre Chambre, c'est uniquement parcequ'elle est fortement convaincue qu'après vingt-cinq ans de troubles et de convulsions, après tant de gouvernements tumultueux et irréguliers qui se sont rapidement succédé, lorsque plus de la moitié de la génération présente n'a pu sentir le bienfait d'une administration paternelle, on ne peut trop tôt déployer à ses yeux l'Autorité royale dans toute sa grandeur et toute sa majesté. On ne peut trop tôt commencer cette salutaire expérience qui doit donner aux François des habitudes nouvelles, et les amener tous à reconnoître que ce qu'il y a de plus populaire au monde, c'est une Monarchie bien ordonnée et fortement constituée.

Avant de quitter cette partie de notre Rapport, nous observerons que le doublement du droit de patentes nous a semblé une mesure hasardeuse et difficile, dont une première tentative faite il y a peu d'années a montré les inconvénients. De tous les impôts directs, c'est celui dont l'assiette est le plus arbitraire, la répartition le plus inégale, le recouvrement le plus incertain. La seule ville de Paris supporte le quart de cette contribution, et sur les 4 millions qui forment son contingent, chaque année présente 15 à 20 pour 100 de non-valeurs.

Les Ministres du Roi avoient proposé l'établissement de six nouvelles impositions indirectes, qui toutes ont été rejetées: Ces impositions sans doute n'auroient pu fournir, pour l'année présente, un produit bien important; mais elles auroient préparé pour l'exercice de 1817 de nouvelles sources de revenus, et un surcroît de moyens devenu si indispensable. Nous ne vous dissimulerons pas que quelques unes de ces impositions présentoient de graves inconvénients; mais, en pareille matière, on ne peut procéder que par des essais et des tâtonnements; et la pratique seule enseigne ce qu'il faut abandonner et ce que l'on peut conserver.

Dès à présent il peut nous être permis de dire que les huiles, qui, pendant tout le siècle dernier et jusqu'à l'année 1789, ont formé une branche assez productive de revenu pour l'État, nous ont semblé une matière imposable bien choisie, attendu l'immense accroissement que la consommation de cette denrée a éprouvé depuis peu d'années, et la facilité de la perception, moyennant quelques modifications dont certaines provinces ont toujours joui, et qu'il eût été raisonnable de leur conserver.

C'est aussi avec peine que nous trouvons dans le tableau que nous venons de vous exposer le produit des ventes exécutées en vertu de la Loi que vous avez votée en septembre 1814, produit qui n'est réalisable que dans des termes éloignés, et auquel vous aviez affecté une autre destination. Cet objet va être développé avec plus d'étendue dans la seconde partie de ce Rapport.

SECONDE PARTIE.

*Paiement de l'arriéré existant au 1ᵉʳ janvier
1816.*

Le projet de Loi relatif à cet objet statue à-
la-fois sur deux espèces d'arriérés, qu'il réunit
en un seul, et qu'il soumet au même mode de
liquidation et de paiement :

1.º L'arriéré qui existoit au 1ᵉʳ avril 1814, et
qui remontoit à l'année 1809 ;

2.º L'arriéré des trois derniers trimestres de
1814 et de tout l'exercice de 1815.

Le sort des créanciers de cette première
masse d'arriéré avoit été fixé par la Loi du 23
septembre 1814, qui leur avoit assigné comme
hypothèque et gage spécial de remboursement,
outre l'excédant présumé des recettes de l'année
1815 et années suivantes, évalué à 70,300,000 f.,
deux autres valeurs matériellement existantes,
savoir : trois cent mille hectares des bois de
l'État, et le produit des ventes des biens com-
munaux faites en vertu de la Loi du 20 mars
1813.

Cette Loi du 23 septembre 1814, à laquelle

vous avez concouru par votre assentiment, n'é-
toit elle-même que l'exécution de l'article LXX
de la Charte, ainsi conçu :

« La dette publique est garantie ; toute espèce
« d'engagement pris par l'État avec ses créan-
« ciers est inviolable. »

On vous propose de révoquer cette Loi, de
retirer aux créanciers l'hypothèque qui leur
étoit assignée, et d'établir pour eux un nouveau
mode de paiement.

Forcée d'entrer dans la discussion de la proposition qui vous est faite, votre Commission
ne peut vous dissimuler qu'elle éprouve une
sorte d'embarras, et voici d'où cet embarras
procède.

Il est des vérités tellement évidentes pour tous
les esprits et si naturellement inhérentes aux
premiers principes de la justice et de la morale,
qu'elles échappent par cela même à toutes les
formes de démonstration. Ainsi, comment dé-
montrer qu'il faut garder sa foi, tenir sa parole,
faire ce qu'on a promis de faire, exécuter les
engagements qu'on a contractés ?

Nous ne pouvons cependant nous dispenser
de vous reproduire ici les raisonnements qui
ont été mis en œuvre pour amener ce résultat

et nous avons quelque droit de compter sur votre indulgence dans cette partie si pénible de la tâche que vous nous avez imposée.

D'abord, on a dit que toute Loi étoit révocable, et que les mêmes pouvoirs qui avoient porté la Loi avoient aussi le droit de la changer.

Sans doute la législation n'est point immuable; et, dans tous les temps, le législateur a le droit et même le devoir de l'améliorer pour l'avenir, par des dispositions qui lui semblent plus conformes aux besoins et à l'intérêt du peuple.

Mais ce principe peut-il s'appliquer à une Loi de la nature de celle dont il s'agit; à une Loi qui crée un droit en faveur de tiers intéressés, et qui établit pour eux une sorte de propriété? Car l'hypothèque est une véritable propriété; et, dans la définition de ce dernier mot, on comprend, non seulement le corps matériel de la propriété, mais nécessairement aussi les garanties et les accessoires destinés à l'assurer, et qui constituent sa véritable valeur. Si le titre qui établit et détermine une propriété pouvoit jamais être révocable, toute propriété seroit illusoire; et ce premier fondement de l'édifice social ne reposeroit plus que sur un sable mobile, jouet du caprice des vents. Quoi! l'on ne peut contester qu'une sentence rendue par un simple juge de paix, un acte reçu par un notaire, suffisent pour constituer une hypothèque à jamais irrévocable et qui ne peut plus s'éteindre que par l'exécution intégrale de l'engagement qu'elle est destinée à garantir; et l'on mettra en doute si l'hypothèque conférée par une Loi n'a pas le même caractère d'irrévocabilité? Et quel jugement plus solennel, plus authentique que la Loi? Quel contrat plus obligatoire et plus synallagmatique, puisque tous les François, sans exception d'un seul, y sont parties, et que tous y stipulent par l'intermédiaire auguste de la représentation nationale?

On a été jusqu'à dire que la Loi en question ne devoit être considérée que comme un règlement d'administration, un simple ordre donné aux Ministres pour leur indiquer un mode à suivre dans la liquidation et le paiement des créanciers.

Mais, s'il ne s'agissoit que d'une disposition réglémentaire, d'un ordre du Gouvernement donné au Ministre, pourquoi donc auroit-on invoqué le concours des deux Chambres? Qu'étoit-il besoin d'une promulgation?

Mais voici pourquoi une Loi étoit indispensable.

Le Roi, par un des articles de la Charte, avoit
promis d'acquitter la dette publique, et de tenir
toute espèce d'engagement pris par l'État avec
ses créanciers. La première Loi de finances présentée en son nom devoit nécessairement porter
avec elle l'exécution de la promesse royale. Puisqu'il y avoit impossibilité absolue de payer les
créanciers en espèces, il falloit bien régler avec
eux, et prendre des engagements à termes fixes.
C'est ce qui ne pouvoit être fait que par une
Loi, puisque les Gouvernements ne contractent
et ne s'engagent envers le public que dans cette
forme. Quand ils empruntent, quand ils aliè-
nent, quand ils font des donations rémunéra-
toires qui engagent la propriété publique, enfin
toutes les fois qu'ils obligent l'État envers des
particuliers, c'est toujours par une Loi, et ce ne
peut être que par une Loi. Il en résulte donc
que ces sortes de Lois, par la nature même des
choses, ne peuvent jamais être révoquées ; car
les mots, *engagement* et *révocable*, sont des
mots qui impliquent entre eux une contradic-
tion manifeste.

Tout créancier de l'État pour créance anté-
rieure au 1er avril 1814 a donc reçu, par la
Loi du 23 septembre, une hypothèque qui est
devenue pour lui une propriété inviolable,

comme toutes celles que garantit aux François
l'article IX de la Charte. La liquidation à faire
n'avoit d'autre objet que de déterminer et de
fixer le montant de la somme due ; mais la
créance en elle-même, avec les garanties accessoires qui y étoient attachées, a formé dès-lors
une partie de sa fortune privée et du patrimoine
de sa famille, placée à jamais sous la sainte
protection des Lois. Il a pu la vendre, l'engager,
en disposer par testament ou par donation, en
constituer la dot de ses filles ou la légitime de
ses enfants, et tout acte qui dénature ce droit,
qui l'altère ou l'affoiblit, est une violation de
la propriété.

On a ensuite objecté que l'État n'étoit pas
propriétaire des bois qu'il avoit hypothéqués,
et que ces bois étoient une propriété du Clergé.

Une propriété du Clergé! Tout le monde sait
qu'il a existé de tout temps, et qu'il existe encore en France un Clergé illustre par sa piété
et par ses lumières, par sa fidélité envers nos
Rois, par son courageux dévouement à la saine
doctrine et aux libertés de l'Église : mais un
Clergé propriétaire, un Clergé capable de pos-
séder, d'agir en jugement, de stipuler, enfin
d'exercer des droits temporels comme une personne civile ou comme une corporation légale-

ment constituée à l'effet de traiter et transiger en nom collectif sur des intérêts mobiliers ou immobiliers, c'est ce qui n'a jamais existé; c'est une création purement chimérique enfantée par l'imagination de ceux qui ont jugé à propos d'élever cette étrange objection.

Parmi les bois qui composent aujourd'hui le domaine de l'État, il en est plusieurs qui ont formé la propriété usufruitière attachée à des abbayes, à des prieurés, à des bénéfices séculiers et réguliers, qui sont tous supprimés depuis un quart de siècle. La suppression des bénéfices a fait entrer les biens qui y étoient attachés dans la classe des biens vacants. Un bénéfice qui n'existe plus peut-il avoir un titulaire, et peut-on concevoir qu'un droit temporel quelconque ait pu survivre à l'extinction du bénéfice? Qu'on nous indique donc quel est le propriétaire qui a conservé ou transmis le droit de réclamer; qu'on nous dise sur quelle tête a pu reposer ce prétendu droit de propriété sur lequel se fonde l'objection. Si ces biens sont devenus le patrimoine de l'État, ce n'est point aux dépens du patrimoine de la famille; ce n'est point en vertu de la Loi odieuse de la confiscation. La justice et la générosité du Roi ont pour jamais aboli cette Loi fatale, de

vant laquelle trembloit à tout moment la propriété héréditaire; il a fermé cette source im-
pure; il ne veut pas que dorénavant elle vienne
alimenter le Trésor royal. Mais c'est en vertu
d'un droit d'une toute autre nature que le temporel des bénéfices supprimés s'est réuni au
domaine; c'est en vertu d'un droit régalien, de
ce droit qui, dans tous les temps et dans tous
les pays, a été inhérent à la souveraineté; ce
droit de *déshérence*, qui confère à l'État la
pleine et entière propriété de tous les biens
qui n'ont plus de propriétaire.

Enfin il a été fait un autre raisonnement.
On a dit que la Loi du 23 septembre n'étoit plus
exécutable. Quoi! le gage auroit-il péri? La
chose hypothéquée ne seroit-elle plus entre les
mains du Gouvernement? Non, ce n'est pas
ce qu'on allègue; mais voici comme on argu-
mente. La Loi du 23 septembre, outre les deux
gages matériels affectés aux créanciers, leur
avoit promis de plus une troisième garantie en
espérance, espérance alors bien fondée, mais
que les funestes événements de 1815 ne permet-
tent pas de réaliser. C'étoit l'excédant présumé
de 70 millions 300 mille francs sur les revenus
de cette année et des années subséquentes. Ainsi,
de ce qu'une force majeure a enlevé aux créan-

ciers ce surcroît de garantie, et a fait évanouir la perspective alors probable d'une économie annuelle dont les produits leur seroient applicables, on en a conclu qu'il étoit juste de leur retirer les deux autres gages réels qui leur étoient restés. Une conclusion directement contraire se présente si naturellement à l'esprit, qu'il nous paroît superflu de l'indiquer. Et d'ailleurs, pourquoi cette sollicitude sur l'exécution de la Loi? Les Ministres du Roi, que le soin de cette exécution regarde seuls, la considèrent si peu la Loi comme inexécutable, qu'ils ont fait pour la maintenir une résistance dans laquelle il étoit à desirer qu'ils eussent persévéré davantage.

La seconde classe des créanciers de l'arriéré, qui se compose de ceux dont les créances sont postérieures à la date du 1er avril 1814, n'a pas, comme l'autre classe, un droit direct et formel au bénéfice des dispositions de la Loi du 23 septembre. Toutefois on pourroit dire, en faveur de ces créanciers, qu'ils ont dû naturellement présumer que le mode établi par cette Loi leur seroit également applicable, et que c'est dans cette juste confiance qu'ils ont avancé leurs capitaux au Gouvernement, et qu'ils ont appliqué une partie de leur fortune à subvenir aux besoins de l'État. Aussi, le Ministre

des finances avoit-il proposé d'ajouter aux 3oo
mille hectares de bois affectés au paiement des
créanciers de la première classe 1oo mille autres hectares, dont la vente eût pu mettre les
deux classes de créanciers dans une situation
à-peu-près pareille.

Cette mesure ayant été rejetée, ce qu'on vous
propose est de faire payer indistinctement les
deux classes en obligations non négociables,
portant un intérêt de 5 pour 1oo par année,
jusqu'au remboursement auquel on promet de
pourvoir en 1821, avec faculté aux porteurs de
ces obligations de les convertir en rentes dans
les 5 pour 1oo consolidés, au cours de la place.

La perte que ce mode de paiement impose
aux créanciers n'est pas équivoque. Retenir leurs
capitaux pour un terme plus ou moins long est
évidemment un emprunt, et un emprunt que
le prêteur n'est pas le maître de refuser, et sur
les conditions duquel sa volonté n'a aucune
sorte d'influence. Or cet emprunt est-il fait aux
conditions que l'emprunteur obtiendroit d'un
prêteur volontaire, ou, en autres termes, est-il
conforme aux règles de la justice? La question
n'est pas douteuse.

Le crédit d'un particulier, c'est-à-dire le taux
d'intérêt auquel il peut emprunter, est une
chose souvent fort incertaine. Celui d'un Gou-

vernement est toujours notoire. Le cours des effets publics peut être considéré comme un thermomètre dont le plus ou le moins d'élévation indique avec précision la mesure du crédit dont jouit ce Gouvernement pour ses emprunts. Si cinq francs de rente perpétuelle sur l'État peuvent être acquis moyennant 60 fr. de capital, il est évident que l'État ne peut emprunter au-dessous du denier 12, ou à moins de $8\,{}^1/_3$ pour 100. Par conséquent, si, dans cet état de choses, il exige de ses créanciers qu'ils lui laissent leurs capitaux au denier vingt ou à cinq pour cent, il leur impose une perte de 40 pour 100 sur ces capitaux. Soit donc que l'on considère cette opération comme emprunt, soit qu'on la regarde comme impôt, dans l'un ou dans l'autre cas, c'est une violation ou de l'article IX de la Charte qui garantit l'inviolabilité de toutes les propriétés, ou de l'article II, qui veut que les François contribuent tous, dans la même proportion, aux charges de l'État ; deux articles qui, l'un et l'autre, ne peuvent être considérés comme des lois de convention, mais qui expriment ces vérités fondamentales, sans lesquelles une société libre ne peut être constituée.

Voyons par quels raisonnements on a essayé de justifier l'attaque portée à la fortune des créanciers de l'État.

D'abord, on a dit qu'il y avoit impossibilité de payer intégralement ces créanciers; ce qui veut dire que la charge étant trop lourde pour la totalité de la nation, il falloit la faire porter exclusivement sur un petit nombre, et que cent mille individus, parcequ'ils ont suivi la foi du Gouvernement et ont placé en lui leur confiance, seront seuls imposés à un sacrifice que vingt-cinq millions de contribuables seroient hors d'état de faire.

Il a été allégué ensuite que la condition de convertir en rentes n'étoit que facultative, et que le créancier étoit maître de garder son obligation. Mais à qui persuadera-t-on qu'un créancier préfère à la consolidation, qui lui donne une valeur disponible, un titre dont il ne peut faire usage, et dont le remboursement est renvoyé à un terme indéfini? Si les obligations créées en 1814 avec plusieurs sortes de garanties, un intérêt de 8 pour 100, et un terme plus rapproché, ont perdu 20 pour 100 dans les premiers moments de leur émission, qui peut calculer la perte qu'éprouveroient celles que crée le projet de Loi de 1816? Et pourquoi ces dernières sont-elles créées non négociables? En coûtoit-il davantage de les créer au porteur, comme étoient les premières? Pourquoi impo-

ser encore au malheureux créancier une dépense d'environ 2 pour 100 sur le capital no-
minal de son obligation, c'est-à-dire, de 4 à 5
pour 100 au moins sur le prix réel de la ces-
sion, pour les frais de l'acte de transport et les
droits d'enregistrement? On ne peut supposer
à cette disposition d'autre motif que celui de
rendre la consolidation encore plus obligée.

Enfin on a objecté que, parmi ces créanciers,
il y avoit des fournisseurs dont les manœuvres
perfides et l'insatiable cupidité avoient réussi
à grossir tellement les créances, qu'une perte
de moitié leur laisseroit encore plus qu'il ne leur
étoit dû légitimement.

Mais un moyen de ce genre ne peut être opposé à des créanciers que par un conseil de famille chargé de régler les affaires d'un mineur
sans expérience, ou d'un prodigue dont on demande l'interdiction. A moins d'accuser l'administration publique de la plus coupable négligence ou de la plus grossière impéritie, comment supposer qu'avec tout son cortége d'in-
specteurs, de contrôleurs, de vérificateurs,
avec toutes ses formes de soumissions, d'adjudi-
cations au rabais, de procès-verbaux d'exper-
tise et de réception, enfin avec tous les sur-
veillants dont elle s'aide, et les précautions
dont elle s'entoure contre la fraude, on réus-

sisse continuellement à la faire tomber dans des piéges dont elle est bien avertie de se méfier? Infliger ainsi une amende au fournisseur à l'époque du paiement, confisquer une partie de sa créance après qu'elle est liquidée, n'est pas un moyen de porter remède aux abus; c'est au contraire ce qui ne peut que les encourager, et même en quelque sorte les justifier. Prévenu d'avance sur la perte à laquelle il est exposé, le fournisseur se ménagera une prime d'assurance, et il deviendra infidèle pour être indemne.

Si c'est faute de crédit que le Gouvernement est forcé de recevoir la loi des fournisseurs auxquels il a recours, c'est un état de souffrance qu'on ne peut trop tôt faire cesser, et on ne peut y parvenir que par le paiement loyal et complet des engagements contractés sous l'influence du discrédit. Plus le mal se prolonge, plus il s'aggrave; et plus on creuse un abyme qu'il faudra toujours finir par combler lorsque l'administration voudra enfin marcher sur un terrain ferme et régulier.

Mais d'ailleurs, ces fournisseurs, dont le nom seul excite de si fortes préventions, ne forment qu'une foible partie des créanciers de l'arriéré. On voit parmi eux figurer en plus grand nombre d'honnêtes fabricants, des chefs d'ateliers et de manufactures, des négociants irréprochables, des administrateurs d'hôpitaux, et même des communes. En parcourant les colonnes de ce bilan, vous remarquez à chaque pas des arrérages de pensions, de traitements et de salaires, les réclamations les plus incontestables, les restitutions les plus légitimes, telles que le prix des denrées et bestiaux arrachés par la violence aux habitants des campagnes. Quelques dettes suspectes sont-elles un motif d'envelopper tout cet arriéré dans une proscription générale? Pour quelques fournisseurs peu dignes d'intérêt, faut-il précipiter dans le même gouffre tant de milliers de familles créancières de l'État?

Le Gouvernement, Messieurs, est le premier instituteur des peuples; c'est par son exemple sur-tout qu'il doit étendre et fortifier la morale publique. Être fidèle à ses engagements est son premier devoir, comme son premier intérêt. C'est ce que n'ont cessé de répéter, dans toutes les occasions, ces grands magistrats dont les noms ont brillé avec tant d'éclat dans les plus beaux temps de la Monarchie, noms que les François ne prononcent qu'avec reconnoissance et vénération, et que nous sommes fiers de retrouver dans cette Chambre. Lorsqu'en 1783 le Contrôleur-Général des finances vint

prendre séance à la Chambre des Comptes , le
chef illustre de cette Compagnie lui disoit:
« Le Contrôleur-Général est en France la Pro-
« vidence de l'État... Il respecte les engagements
« du Souverain envers ses sujets..... Soit qu'il
« calcule les charges, soit qu'il ait besoin de
« ressources, soit qu'il envisage l'objet de l'ad-
« ministration, son devoir, c'est la fidélité; il
« n'est pour lui de moyens permis que les
« moyens légitimes. » Telles sont, Messieurs,
les maximes que professoient vos pères, et que
vous avez apportées, en naissant, gravées dans
le fond de vos cœurs.

Nous avons dit que si la fidélité la plus scru-
puleuse à ses engagements étoit le premier
devoir du Gouvernement , c'étoit aussi son
premier intérêt. Cette fidélité, en effet, est
l'unique base du crédit, et ce crédit lui-même
est un des éléments les plus indispensables de
la puissance publique.

Comme, parmi tant de vérités réputées jusqu'à présent incontestables, l'importance du
crédit a été mise en doute, nous ne pouvons
nous dispenser d'insister sur cette assertion.

On a paru croire que le crédit n'étoit nécessaire qu'aux Gouvernements qui se font une
ressource des emprunts, et en ceci on a con-
fondu le crédit lui-même avec l'un de ses ef-

fêts. Emprunter, c'est faire usage de l'un des moyens qu'offre le crédit ; mais un Gouvernement qui renonceroit à ce moyen et qui s'interdiroit à jamais la ressource des emprunts n'en sentiroit pas moins, et à tous les instants, l'indispensable nécessité d'avoir du crédit et d'inspirer une pleine confiance dans les engagements qu'il contracte. Les opérations les plus importantes de l'administration publique ne peuvent se faire que par entreprises et par marchés contractés à l'avance. L'entretien des armées, les approvisionnements de la guerre et de la marine, la confection et la réparation des routes, ponts et édifices, les services des divers établissements, tous ces grands ressorts de la force et de la paix publique ne peuvent se mouvoir qu'à l'aide du crédit. Si le Gouvernement jouit de cette confiance, les capitalistes, les fabricants, les entrepreneurs les plus honnêtes et les plus intelligents, se disputent l'honneur et l'avantage de le servir, et cette louable concurrence lui fait obtenir les conditions les plus avantageuses. Si le crédit manque, chacun s'éloigne, et il ne reste plus autour des Ministères qu'un petit nombre de faiseurs d'affaires qui se concertent pour les tromper, corrompent les agents subalternes, dictent eux-mêmes des marchés qu'ils éludent, et font chèrement payer des services toujours mal exécutés. Un Gouvernement sans crédit est, en quelque sorte, placé sous un climat âpre et rigoureux ; tous ses efforts sont pénibles, et ses soins de plus en plus multipliés deviennent aussi de plus en plus infructueux.

La mesure qu'on vous propose, et dont le résultat définitif est d'imposer aux créanciers de l'arriéré une perte de près de moitié de leurs capitaux, est une mesure désastreuse pour l'État, parcequ'elle étouffe le crédit qui commençoit à se ranimer, et qu'elle le frappe de mort au moment où il ne demandoit qu'à revivre.

Mais, en immolant le crédit, l'État retire-t-il au moins quelque vrai soulagement de ce grand sacrifice ? En dépouillant ses créanciers d'une si forte portion de leur propriété, recueille-t-il le bénéfice de cette portion qu'il leur enlève ?

En l'affirmant ainsi, on seroit dupe d'une apparence tout-à-fait illusoire, et dont l'erreur consiste à raisonner sur la fortune publique comme on le feroit à l'égard de la fortune d'un particulier.

En effet, Messieurs, si vous supposez un particulier assez fort pour braver la puissance des lois et l'autorité des tribunaux ; si vous supposez ce particulier assez injuste pour se jouer de ses engagements, opprimer ses créanciers et leur dicter les conditions qu'il lui plaît de leur imposer ; dans cette hypothèse, il est clair que ce particulier s'enrichira de tout ce qu'il fera perdre à ses créanciers ; sa fortune personnelle s'augmentera en proportion de toute la portion de ses dettes dont il se sera affranchi par violence ; il aura été injuste et tyrannique, mais du moins il recueillera les profits de son injustice.

Il n'en est pas ainsi d'un Gouvernement. L'État est lui-même intéressé dans toutes les fortunes particulières ; il est associé à tous les intérêts privés ; il partage dans tous les revenus, il recueille des profits dans toutes les entreprises, il n'est pas jusqu'aux salaires des simples journaliers dans lesquels il ne prenne part au moyen des droits imposés sur les consommations du peuple. Le Gouvernement ne peut appauvrir un seul de ses sujets, sans s'appauvrir lui-même, sans tarir quelqu'une de ces sources innombrables qui, par d'imperceptibles ramifications, viennent à toute heure alimenter le Trésor. Une branche d'industrie qui se dessèche, un atelier qui se ferme, un mouvement qui s'arrête dans le commerce, toutes ces plaies particulières se font ressentir au cœur de l'État, et y portent nécessairement une diminution de chaleur et de vie.

Ceci posé, quelle est maintenant la situation des choses ? Il existe en France environ 700 millions de capitaux appartenants aux créanciers de l'État. Ces créanciers sont eux-mêmes débiteurs, et attendent leur paiement pour verser dans les mains de ceux à qui ils doivent, une partie des valeurs qu'ils ont à recevoir. Tous ces créanciers en première et seconde ligne sont, pour la plupart, des entrepreneurs d'ouvrage, des chefs de manufacture, des hommes industrieux de toutes les classes, qui mettent du travail en mouvement et distribuent des salaires. Ils n'attendent que le moment de leur liquidation pour réaliser la valeur qui leur sera remise, et à ce moyen revivifier leurs entreprises, ou en commencer de nouvelles. Qu'on les eût payés dans la forme proposée par les Ministres du Roi, on auroit versé dans la circulation pour 700 millions de valeurs disponibles, garanties par un gage matériel, échangeables avec la même facilité que la monnoie, et qui pouvoient, en peu de jours, ajouter à l'activité de l'industrie, ouvrir de nouvelles sources de travail, et, comme une pluie fécondante, faire fleurir de toutes parts le champ de la fortune publique. L'aisance générale produite par ce versement de 700 millions d'effets négociables amenoit des consommations plus abondantes, des transactions plus multipliées, un mouvement plus rapide dans les échanges, et, par conséquent, grossissoit journellement la masse des tributs qui vont se rendre dans les différentes caisses publiques. Ce n'étoit pas seulement une augmentation de ressources pour l'année présente, c'étoit un nouveau revenu fondé aussi pour les années subséquentes, et qui devoit progressivement s'accroître. En admettant même que ces valeurs, au moment de leur émission, eussent éprouvé quelque perte sur la place, comme elles ne se confondoient point avec les inscriptions; comme elles portoient avec elles une hypothèque spéciale assez étendue pour les couvrir à-peu-près en totalité, et qu'enfin tant de personnes à-la-fois se trouvoient intéressées à les soutenir dans la circulation, il est assez probable qu'elles n'eussent eu à subir qu'une perte légère et de peu de durée.

Quels doivent être, au contraire, les effets de la Loi qui vous est soumise? Elle anéantit d'un seul coup près de la moitié de cet im-

mense capital; trois cent millions de valeur dis-
paroissent à l'instant par le seul fait de la con-
version, à-peu-près forcée, en rentes sur le
grand-livre; sans compter la dépréciation su-
bite que peuvent éprouver, par contre-coup,
les 75 millions d'anciennes rentes perpétuelles
déja existantes, et qui, au pair, représentent un
capital de 1500 millions, et sans qu'il soit besoin de vous rappeler combien la dépréciation
prolongée de ces rentes peut aggraver les charges
les plus urgentes de l'État, d'après des conven-
tions qui vous ont été communiquées. Les
créanciers de l'arriéré, recevant une obligation à long terme et non négociable, ne pour-
ront naturellement se résoudre à la convertir
en rentes qu'à la dernière extrémité, et lorsqu'ils y seront contraints par la nécessité de
payer leurs propres dettes, ou de pourvoir à
leurs besoins personnels. On ne doit donc pas
raisonnablament espérer que ce mode de paiement puisse donner aucune activité nouvelle
à la circulation, ni fournir le moindre aliment
au travail et à l'industrie. Cette grande masse
de capitaux sera absorbée par des besoins indi-
viduels, ou restera oisive entre les mains de ses
propriétaires, et le résultat définitif d'une telle
opération, c'est que le Trésor aura détruit une

grande partie de ses ressources futures, en appauvrissant une portion de ses plus utiles contribuables.

TROISIÈME PARTIE.

Remboursement de l'emprunt de cent millions.

En vertu de l'Ordonnance du Roi du 16 août 1815, il a été levé, par forme dè contribution de guerre, un emprunt de cent millions sur les propriétaires les plus aisés et sur les capitalistes du Royaume.

Cette mesure extraordinaire étoit commandée par l'une de ces redoutables crises auxquelles les États sont quelquefois exposés, et qui, par leur gravité et leur urgence, maîtrisent les règles et les principes. Le chef suprême du Gouvernement pouvoit seul exercer sur ses sujets ce coup d'autorité, parceque seul il est à portée de connoître ce que, dans ces circonstances périlleuses, exige le salut public. Aussi personne n'a songé à objecter que cette contribution inégale et arbitraire étoit formellement réprouvée par l'article II de la Charte, qui constate que les François ne contribuent aux charges de l'État que dans la juste proportion de leur fortune. Tous les sujets du Roi se sont, au contraire, empressés de donner à leur Souverain, dans cette occasion mémorable, un grand témoignage de soumission et de dévouement. Après tant de désastres, dont les plus riches propriétaires avoient eu le plus à souffrir, l'emprunt de cent millions, malgré les vices de la répartition la plus inégale, a été levé sans contraintes. En peu de mois les quatre cinquièmes de la somme requise sont parvenus au Trésor royal ; et si le dernier cinquième, qui se trouve dû tant par la ville de Paris que par quatre autres des principales villes de commerce du Royaume, a éprouvé du retard, ce n'est qu'à cause de l'énorme disproportion du contingent dont ces villes ont été frappées.

Les Chambres législatives doivent s'empresser sans doute de régulariser cette mesure provisoire ; mais leur premier devoir ensuite est de pourvoir au remboursement d'une levée de deniers qui ne peut être considérée que comme une avance faite au Gouvernement par une partie de ses sujets pour subvenir à des besoins impérieux.

Le Ministre des finances avoit proposé d'opérer cette restitution au moyen d'une répartition générale sur tous les contribuables des quatre

espèces d'impositions directes , et en les imposant extraordinairement pour l'année courante
à 5o centimes du principal de ces quatre sortes
d'impositions. Le surplus du produit de cette
taxe extraordinaire étoit destiné à acquitter les
20 millions avancés par quelques départements
en fournitures aux troupes des alliés et à fournir 41 millions de secours et indemnités aux
pays qui avoient le plus souffert dans les désastres de l'année dernière; deux objets dont nous
avons dû faire mention dans la première partie
de ce Rapport.

La mesure proposée par les Ministres , juste
et sage dans son principe , offroit néanmoins ,
par son exécution resserrée dans l'espace d'une
seule année , d'extrêmes inconvéniens. Par l'effet de cette répartition , les contribuables aisés
qui ont fourni leur part dans l'emprunt auroient
payé la taxe extraordinaire avec leurs quittances ,
et seroient restés créanciers de l'excédant. Les
seuls contribuables trop peu riches pour avoir
été compris au rôle de l'emprunt auroient été
tenus de payer en argent les 5o centimes destinés à rembourser l'excédant dû aux premiers ;
ce qui constituoit , pour cette classe peu for-
tunée , une charge trop forte , dont le moindre

effet eût été de nuire au recouvrement des contributions ordinaires.

On eût pu concilier les intérêts des uns et des
autres en répartissant cette taxe extraordinaire sur trois ou quatre années successives.
Les créanciers de l'emprunt de cent millions
auroient vu sans peine leur remboursement réglé de cette manière, et la charge eût été peu
sensible pour les contribuables non créanciers
de l'emprunt.

Le mode de restitution qu'on vous propose
aujourd'hui est tout différent. Le projet de Loi
porte que ces créanciers seront remboursés en
rentes à 5 pour 100, c'est-à-dire en valeurs
dont le cours actuel est de 41 pour 100 de perte
sur le capital.

Tout ce que nous avons dit plus haut pour
les créanciers de l'arriéré s'applique avec encore plus de force à cette autre classe de créanciers dont la dette porte sans doute un caractère plus sacré, puisqu'elle procède de services
purement gratuits, et qu'outre le droit à la justice, qui est celui de tous les créanciers, ceux-
ci en ont encore à la reconnoissance publique.

D'un autre côté, nous ne pouvons voir, sans
de vives alarmes, cet accroissement subit et

rapide dans la somme des inscriptions au grand-livre. Dans le cours d'une seule année se trouvent créés plus de 40 millions de rentes nouvelles, sans y comprendre celles qui ont été créées pour tenir lieu de garantie des engagemens pris avec les Puissances étrangères ; en sorte qu'en cette année 1816 la masse des rentes perpétuelles est augmentée de plus de moitié en sus de ce qu'elle étoit au budjet de 1815. Quoique dans les dépenses ces rentes nouvellement créées ne se trouvent portées que pour la portion d'arrérages à servir pendant le cours du présent exercice, il n'en est pas moins constant que cette charge effrayante retombera toute entière sur les années suivantes. On ne sauroit trop se défier de cette funeste et trompeuse ressource qui n'exige aucune combinaison financière, et qui se présente trop naturellement à l'esprit, quand on ne porte pas ses vues au-delà du moment. Une fois mise en usage, il est impossible de prévoir à quel terme elle peut conduire. Espérons du moins que c'est la dernière fois qu'il en sera fait emploi, et qu'on se hâtera de fermer enfin ce grand-livre, qui deviendroit bientôt un abyme où le crédit public et des milliers de fortunes particulières iroient s'engloutir pour jamais.

Nous avons, Messieurs, fait passer successivement sous vos yeux toutes les dispositions principales de la Loi soumise à votre délibération, en négligeant une foule de règlements de détail qui, dans les circonstances où nous sommes, auroient fatigué votre attention sans utilité pour la chose publique. Il nous étoit rigoureusement imposé, et par notre devoir, comme Pairs de France, et par l'honorable mission que vous nous avez confiée, de rappeler les vérités éternelles de la justice et de la morale publique, toutes les fois qu'elles nous ont semblé méconnues, d'invoquer les Lois fondamentales de la Monarchie, maintenues et confirmées par la Charte constitutionnelle, toutes les fois que nous avons cru qu'il y étoit porté quelque atteinte; enfin d'établir la saine doctrine de l'administration des finances, lorsque nous avons reconnu qu'on s'en étoit écarté. En professant dans cette Chambre les véritables principes du crédit public, nous lui rendons, autant qu'il est en nous, le germe d'une nouvelle vie. La confiance naturelle des peuples dans les mesures d'administration se nourrit d'espérance, et il lui suffit pour se ranimer d'entrevoir un rayon de l'avenir. La perte imposée en ce moment aux divers créanciers de l'État, les atteintes portées au crédit; les mesures que nous avons signalées comme dangereuses, tous ces maux ne sont point irréparables, et la France renferme dans son sein d'inépuisables ressources qui lui permettront toujours d'être juste envers tous.

Mais ce qui seroit peut-être irréparable pour l'ordre de nos finances, ce seroit de prolonger plus long-temps l'état de crise et de souffrance où elles sont depuis quatre mois. Un tiers de l'année présente est écoulé, et les dépenses de l'État ne sont point encore arrêtées; aucun crédit n'est encore légalement ouvert aux différents Ministères pour subvenir aux besoins publics. Quelques perceptions provisoires ont été autorisées par des Lois; mais ces produits mêmes ne sont pas constitutionnellement disponibles. Il est temps de mettre un terme à cette anarchie financière. Une autre considération nous frappe encore. Parmi les ressources proposées pour l'année courante, il se trouve des contributions dont la perception doit remonter au 1er janvier, et n'a pu cependant être commencée ; tels sont le doublement des patentes, les centimes ajoutés à l'imposition personnelle et à celle des portes et fenêtres ; les centimes facultatifs votés en faveur des départements , etc. Ces différentes charges ne peuvent être mises en recouvrement que sur de nouveaux rôles établis et rendus exécutoires après la promulgation de la Loi qui vous est soumise. Ainsi les contribuables auront à acquitter, dans un espace qui sera de six mois au plus , la totalité de ces charges additionnelles. Tout retard apporté à la confection de la Loi de finances rendroit encore plus pénible la condition de ces contribuables.

Placée dans cette alternative, votre Commission a dû préférer ce que commandent le bien de l'État, votre dévoûment au Roi, et votre respect pour ce qui porte le caractère de son assentiment.

Elle vous propose d'adopter le projet de Loi.

DE L'IMPRIMERIE DE P. DIDOT L'AINÉ,

IMPRIMEUR DU ROI ET DE LA CHAMBRE DES PAIRS,

rue du Pont de Lodi, n° 6.